MADEMOISELLE

OLGA DE VILLENEUVE

DANS LA TRAGÉDIE

PARIS. — TYPOGRAPHIE DE J. BEST

Rue Saint-Maur-Saint-Germain, 15

1862

MADEMOISELLE

OLGA DE VILLENEUVE

DANS LA TRAGÉDIE

MADEMOISELLE

OLGA DE VILLENEUVE

DANS LA TRAGÉDIE

PARIS. — TYPOGRAPHIE DE J. BEST

Rue Saint-Maur-Saint-Germain, 15

—

1862

A

MADEMOISELLE OLGA DE VILLENEUVE.

Parmi toutes... tu seras reine un jour...

Shakspeare.

Si tu ne possédais qu'esprit, cœur et beauté,
Je n'invoquerais point ces mots de prophétie...
Mais un don plus certain promet ta royauté...
Le triomphe au théâtre est fidèle au génie.

C. E. G.

15 février 1860.

A

MADEMOISELLE OLGA DE VILLENEUVE.

HERMIONE.

Quand on a ta beauté, quand on a ton talent,
Qu'on porte sur son front le signe étincelant
De la force qui fait l'âme vaillante et fière,
Le succès est certain; la plus âpre carrière
Adoucit ses sentiers, et l'on peut sans frémir
Prendre haut son essor, affronter l'avenir.
Qu'importe des jaloux la horde turbulente,
Et leurs sourdes clameurs, et leur rage insolente!
Laisse-les déchaîner leur impuissant courroux :
C'est le sort du soleil d'effrayer les hiboux.
Ah! si, dans son dédain des gloires de la terre,
Dieu n'avait fait de toi qu'une artiste vulgaire;
Si, loin de t'illustrer de ses dons les plus beaux,
Et ne te destinant qu'aux plus humbles tréteaux,
Il ne t'eût départi ni le soudain génie,
Ni du geste éloquent la divine harmonie,
Ni l'organe splendide et passant tour à tour
Des cris de la colère aux soupirs de l'amour...
Non, tu ne verrais pas la tourbe déchaînée
Chercher à t'étouffer sous sa haine acharnée;
Tu verrais accourir, pleins d'un joyeux émoi,
Tous ceux qui maintenant s'ameutent contre toi.
Ils chanteraient ta gloire, et leur zèle hypocrite
De ta médiocrité te ferait un mérite.....

Mais va, ne les crains pas! Un complot si mesquin
Ne saurait arrêter la marche du destin...
D'ailleurs, Olga, sur toi veille la Providence;
Elle te dit : Enfant, courage, confiance!
Déjà de beaux succès ont signalé ton nom;
De l'avenir promis, c'est le premier rayon!
Oui, plus je pense à toi, plus je crois à ta gloire.
Il faut toujours lutter pour gagner la victoire!
Courage, donc! Bientôt le grand jour va venir
Où l'on verra Paris tout entier t'applaudir!...

27 mai 1860.

Un écrivain éminent vient de publier un beau livre que l'on trouvera, sans doute, dans toutes les bibliothèques, et qui sera lu par tous
ceux qui ont le goût de l'art, de l'art dramatique surtout.

M. Jules Janin rend un grand hommage à Mlle Rachel qu'il regrette,
que nous regrettons aussi, et il débute dans ce bel ouvrage par le nom
d'un tragique sublime.

« Talma était mort, dit M. Janin, la tragédie était morte avec ce mo
» dèle de hardiesse, de naturel et de dignité », pour parler comme a
parlé Mme de Staël.

Mlle Rachel paraît, et le sentiment de la tragédie renaît dans l'esprit du peuple de ce grand Paris, « à qui elle arrachait, par sa seule pré
» sence, un cri d'enthousiasme et de passion. » Et plus loin, dans la même
page de son livre, l'écrivain dit encore : « Ah! c'était une transformation
» merveilleuse que l'on ne reverra jamais, non, jamais dans ce siècle
» et sur ce théâtre. »

On comprend à merveille que, possédant le goût des arts au degré
où le possède M. Jules Janin, il ait exprimé des regrets aussi vifs au
sujet de la grande tragédienne qui n'est plus.

Mais si, avant d'écrire son livre, M. Jules Janin avait assisté au
premier pas d'une jeune débutante qui appartient à la meilleure société
du monde, qu'une vocation irrésistible entraîne vers le théâtre; s'il avait
eu sous les yeux quelques-unes de ces lignes écrites aussi par des
hommes éminents dans l'art, il aurait vu, il aurait été convaincu que si
Talma et Mlle Rachel ne sont plus, la tragédie n'est pas morte, qu'elle

subsiste encore, et que l'art tragique de dire, d'émouvoir, de passionner, ne court nul risque de périr encore.

« Mlle Olga de Villeneuve est jeune, dit M. THÉOPHILE GAUTIER, » elle est belle, elle est grande, elle a le profil sculptural, et la bande- » lette de laine ou d'or se mêle bien à ses noirs cheveux ; les drape- » ries font de beaux plis sur elle ; sa voix vibrante, sonore, d'un timbre » cuivré, se prête aux violences, aux fureurs et aux éclats tragiques. » Elle a joué Hermione, Monime, avec un talent et un succès des plus » remarquables. »

Et un autre écrivain aussi éminent dit ailleurs :

« Mlle Olga de Villeneuve, qui s'était déjà montrée dans le rôle » d'Hermione et de Monime, devait jouer pour son troisième et dernier » début l'Émilie de *Cinna* ; nous n'avons pas voulu manquer cette oc- » casion de voir une jeune artiste assez convaincue, assez dévouée à son » art pour se consacrer à un genre aussi négligé que la tragédie.

» Mlle Olga a des qualités éclatantes. Elle est d'abord fort bien faite » pour représenter les grandes princesses tragiques, les Hermione, les » Camille, les Émilie. Sa taille est élevée et svelte, son maintien noble, » sa physionomie expressive ; elle a le front découvert, de grands traits, » des sourcils bien arqués, des yeux d'un noir vif où se peignent toutes » les passions, depuis l'amour jusqu'à la haine.

» Sa voix est claire, étendue, flexible ; son geste a de l'ampleur et » de la majesté ; elle a de l'énergie, de la fierté, du sentiment, de la » puissance ; elle a ce feu qui anime tout un rôle, ce feu sacré qui » saisit, fait battre le cœur, passionne un auditoire ; qualités sublimes » qu'avant tout Voltaire demandait aux interprètes de ses héroïnes. »

Les citations qui précèdent seraient plus que suffisantes pour appré- cier le talent exceptionnel de Mlle de Villeneuve ; mais, pour mieux saisir la puissance du génie de la jeune tragédienne, il faut laisser parler la Presse, qui l'a étudiée à l'école du maître, qui l'a suivie pas à pas à l'École-Lyrique et à ses débuts à l'Odéon.

OLGA DE VILLENEUVE

DANS LA TRAGÉDIE

1859.

Quelques journaux ont déjà signalé une jeune et belle artiste, Mlle Olga de Villeneuve, qui s'essaye depuis quelque temps aux exercices dramatiques sur le théâtre de l'École-Lyrique. C'est en effet un talent vraiment extraordinaire, et ce qu'il y a de plus remarquable, c'est qu'il tient presque tout entier à des dispositions naturelles, Mlle Olga de Villeneuve n'ayant pris jusqu'à présent que quelques leçons fugitives de Beauvallet et de Samson. Deux fois déjà elle s'est montrée dans le rôle d'Hermione. Ce rôle difficile lui convient admirablement, elle le joue d'une façon saisissante. Mais la nature de son talent la rend apte à tous les rôles; elle prépare en ce moment ceux de *Camille* et d'*Aménaïde*.

Elle a le geste harmonieux et sobre, le port plein de noblesse, l'organe puissant, et néanmoins tellement flexible qu'il passe avec une facilité rare par toutes les nuances du sentiment. Mlle Olga de Villeneuve mérite d'autant plus d'être encouragée que sa position dans le monde et ses charmes personnels lui permettraient d'aspirer à de tout autres succès que ceux du théâtre, et qu'en abordant la carrière dramatique elle cède à une vocation irrésistible. D'ailleurs, par le temps qui court, et depuis la mort de Rachel, l'horizon dramatique est assez désolé; ce serait donc une véritable bonne fortune si les succès déjà constatés de l'artiste que nous signalons présageaient l'avénement d'une interprète digne de nos grandes scènes et de nos grands maîtres. (*Messager de Paris*, 28 mai 1859.)

On nous écrit de Paris :

. . . .

« Mais, étrange retour des choses d'ici-bas, la toile ne fut pas plutôt levée que mes préventions commencèrent aussi à disparaître ; Agnès de Méranie était là, jeune, belle, le diadème au front, véritable reine par sa pose et par son aspect. Ce n'était point une mystification ; il y avait dans ce regard ardent, sur ce front caractérisé, dans ces traits du plus beau type grec, un prestige qui commandait l'attention. Elle parle, et son organe sonore, qui rappelle dans ses notes graves les meilleures notes de Rachel, provoque un murmure sympathique. Elle se lève, et sa taille, sa démarche encore, font souvenir de cette illustre morte ; il semble qu'elle ne soit pas ensevelie tout entière, et ce qui séduit surtout, c'est que la débutante la rappelle sans le vouloir, sans se faire sa copiste, par ses qualités naturelles et personnelles.

» La pièce avance ; un autre artiste, auquel il ne manque presque plus que de savoir contenir sa chaleur, M. Dancourt, seconde la nouvelle tragédienne. — Le public nombreux et en grande partie choisi qui remplit la salle oublie les accessoires, l'insuffisance de l'entourage, et couvre d'applaudissements, de rappels et de fleurs la débutante, qu'il est temps de nommer : Mlle Olga de Villeneuve.

» Il ne fallait rien moins que la révélation de ce talent plein de séve, et qui renferme probablement le germe de la seule tradition possible encore de la tragédie en France, pour faire excuser l'exhumation de cette monotone et lamentable *Agnès*. Mais, grâce à Mlle Olga de Villeneuve, l'excuse a été complète, elle s'est changée en remercîments.

» Mlle Olga est jeune, avons-nous dit, elle n'a pas vingt ans. Elle possède les qualités qui ne s'acquièrent pas ; il lui reste encore à acquérir une partie des autres : elle y arrivera aisément. Nous ne les signalons pas, c'est l'affaire de ses maîtres, et elle en a des meilleurs. Mais pourquoi, les choses étant ainsi, avec ce mérite incontestable, a-t-elle été obligée de se faire entendre sur ce pauvre théâtre de Belle-ville?... Ces talents sont-ils donc si communs, les remue-t-on à la pelle, qu'ils ne puissent obtenir l'hospitalité d'une soirée sur une des scènes de Paris consacrées à l'art, et fort grassement subventionnées pour cela? — Pourquoi?... Vous le savez tous aussi bien que moi, vous qui marchez dans ces sentiers arides de l'art, dé la publicité, des lettres! Parce que, dans cette république, la fraternité est le mot dont on abuse le plus, de peur de le pratiquer; parce que l'égoïsme et l'amour-propre dominent les moins mauvais; parce que la crainte de se voir dépasser, de se sentir vieillir, commande aux habiles et aux arrivés. Les issues sont étroites, et ceux qui les ont franchies font bonne garde, pour empêcher le passage des autres. Mais qu'importe! le talent se fortifie par la lutte, et quand il est réel, il faut bien qu'il finisse aussi par avoir sa place au soleil.

» Je gagerais qu'aucun de ces messieurs qu'on appelle les princes de la critique ne parlera de cette représentation exceptionnelle d'une tra-gédie à Belleville. Ils ont leur thème et leur périmètre invariables. Qu'importe encore! La jeune tragédienne ne s'arrêtera pas à cette ten-tative, et il faudra bien que les monopoleurs de la publicité et de la critique y arrivent. Seulement, ces vaillants champions des lettres et des arts arriveront en second; le premier aura été *Paris à Dieppe,* qui ajoutera ce titre à ceux qu'il a déjà acquis en si grand nombre par sa spontanéité et son initiative.

» Voilà comme quoi j'ai assisté à une tragédie de l'héroïque M. Pon-sard à Belleville, et comme quoi la tragédie m'a été légère. Puisse-t-il en être de même de cette prose pour le lecteur!» (*Messager de Dieppe,* 28 août 1859.)   OCTAVE FÉRÉ.

Mlle Olga de Villeneuve possède vraiment un talent étrange : elle fascine, étonne et fait frémir; les accès de jalousie d'Hermione ont été rendus par elle avec une passion et une énergie peu communes. Il y a du souffle de Rachel dans cette jeune fille : on l'a littéralement couverte de fleurs. Talien nous a paru très-remarquable dans Oreste. Il a été terrible sans cesser d'être simple. N'oublions pas Mlle Baitig, une ravis-sante Andromaque, et Mlle Duchenay, qui dans *le Pour et le Contre* (la marquise) et *le Misanthrope* (Célimène) a fait preuve de beaucoup d'intelligence et de naturel.

Nous ne terminerons pas sans annoncer à nos lecteurs qu'un de ces jours Mlle Olga de Villeneuve remplira le rôle d'Émilie dans *Cinna :* nous ne mettons pas en doute que ce ne soit là pour elle un nouveau triomphe. (*Messager des Théâtres,* 15 septembre 1859.)

L. Félix Savard.

École-Lyrique. — Mlle Olga de Villeneuve, dans le personnage écrasant d'Agrippine, n'a pas faibli un seul instant : puissance, dignité, ampleur de geste, noblesse de démarche, pureté de diction, elle possède toutes ces qualités au plus haut degré; à quoi bon signaler des incorrections légères, dont le cadre choisi est peut-être la cause, et que le travail ne tardera pas à faire disparaître? ce qu'il faut par-dessus tout voir en elle, c'est une rare réunion de talents. (*Messager des Théâtres,* 20 octobre 1859.)

École-Lyrique. — Mercredi, Mlle Olga de Villeneuve, Dancourt et Bonaventure se faisaient encore entendre, c'est-à-dire applaudir dans cette charmante salle que M. Ricourt vient de faire restaurer avec autant de goût que de luxe. — On jouait *Mithridate* et *Philiberte.* Le rôle de Monime est, on le sait, bien différent de celui d'Hermione et de celui d'Agrippine, et nous avions craint un moment que la nature fougueuse du talent de Mlle Olga de Villeneuve ne pût facilement se plier au sentiment et à la tendresse; nos craintes ne se sont pas réalisées. Mlle de Villeneuve, si altière, si impétueuse d'ordinaire, a trouvé des accents, des larmes qui allaient à l'âme : il y a huit jours, elle faisait frissonner; hier, elle a ému. (*Messager des Théâtres,* 30 octobre 1859.)

École-Lyrique. — *Cinna* a été représenté jeudi sur cette fraîche et jolie scène. Ce spectacle nous a laissé sous le coup d'une vive émotion. Émilie, « cette adorable furie », comme l'appelait Balzac, était réellement incarnée. Une fille de Corneille nous est-elle née encore? Nous l'espérons, nous avons vu. Nous avons vu la grâce, l'expression, le naturel et la force jouer avec la sublimité du vieux maître. Déjà nous avions entrevu, pressenti, deviné la noble enfant qui vient hardiment poser la main sur cette couronne de poésie, sur ce reflet de gloire qui couvre un tombeau. Olga de Villeneuve est l'art dramatique inné. L'espace nous manque pour dignement l'apprécier aujourd'hui ; mais nous y reviendrons bientôt avec plus d'espace et de loisir ; nous appellerons l'attention de tous sur ce jeune et viril talent qui ne demande qu'un vaste cadre et de la lumière pour s'irradier et pour marcher triomphalement dans la pourpre des reines et le péplum soyeux des jeunes héroïnes, pour s'appeler Julie, Hermione, Agrippine, Agnès. Ce qui nous a surtout frappé dans *Cinna,* c'est l'absence absolue d'exagération, l'art, le rhythme du geste et de la draperie, la simplicité, la noblesse de la démarche, la netteté, le naturel et la puissance de la diction. — Nous ne dénombrons pas les couronnes et les fleurs, nous ne comptons pas les applaudissements prodigués ; mais nous donnons consciencieusement notre appréciation, notre suffrage, que la réflexion nous fera confirmer. (*Messager des Théâtres,* 27 novembre 1859.)

ÉCOLE-LYRIQUE. — Nous avons saisi avec empressement l'occasion qui nous a été offerte dimanche dernier de revoir, dans *Britannicus,* Mlle Olga de Villeneuve. Comme la dernière fois, elle s'est acquittée en grande artiste de certains passages du rôle d'Agrippine et elle a vaillamment surmonté quelques-unes des difficultés qu'il présente ; elle rend admirablement surtout le mépris, le dédain, l'ironie. A chaque audition, nous découvrons en cette jeune fille des qualités nouvelles ; elle a un talent réel ; seulement, nous lui conseillons de se défier des éloges exagérés et intempestifs qu'on ne doit pas manquer de lui prodiguer.

Dancourt était bien l'idéal du Néron de l'histoire et de Racine : l'empereur est jeune ; il cherche à plaire et ne fait encore que ses premiers pas dans la voie du crime.

Sous les traits de Dancourt, on devine l'homme qui aime à chanter en public, à se donner en spectacle au peuple. En somme, le rôle a été bien étudié, bien compris, bien joué.

Dans son ensemble, pourtant, l'interprétation de cette tragédie a été loin d'être parfaite, et nous sommes persuadé que Dancourt et Mlle Olga auraient été plus remarquables encore s'ils avaient été mieux secondés. (*Messager des Théâtres*, 15 décembre 1859.)

L. Félix Savard.

Les spectacles commencent la série des plaisirs de l'hiver, et nous commencerons aussi par célébrer une de ses plus belles espérances, Mlle Olga de Villeneuve. Nous l'avons vue jouer plusieurs rôles de l'ancien répertoire avec une verve qui leur rend la jeunesse éternelle de la passion. La belle artiste fera certainement un grand effet sur le public si elle débute, comme on l'annonce, dans quelque beau rôle. Hermione va merveilleusement à sa véhémente diction; la nature a tout fait pour Mlle Olga de Villeneuve. Si l'étude lui donne la perfection dans sa manière d'employer ses facultés, nous pouvons espérer une grande artiste. (*Gazette du Nord*, 15 décembre 1859.)

Dans un journal littéraire de création toute récente, mais dont chaque numéro est un succès, dans la *Gazette du Nord*, en un mot, on lit, à la date du 3 décembre courant, un article non signé, mais qu'il nous a été facile de reconnaître comme émanant d'un de nos écrivains les plus distingués, de l'auteur d'*Yvan*.

Cet article annonçait l'apparition d'un nouvel astre inconnu à tous, même à MM. les astronomes de l'Observatoire, car cette étoile ne se lève qu'à l'horizon dramatique. Comme saint Thomas, nous fûmes dès le prime abord quelque peu incrédule à l'endroit du talent de Mlle Olga de Villeneuve. Désirant voir pour croire, nous allâmes, il y a quelques jours, nous installer au théâtre de l'École-Lyrique : on jouait une des admirables tragédies de Racine, *Britannicus*.

Tout le monde connaît l'histoire d'où notre grand poëte tragique a tiré l'un de ses plus beaux chefs-d'œuvre. La scène se passe l'an 55 de J.-C.

A Mlle Olga de Villeneuve était échu le rôle d'Agrippine. rôle sérieux, difficile à remplir; il s'agissait, pour cette jeune artiste, de bien allier l'amour maternel d'Agrippine pour son fils et le désir ardent que possédait cette femme de dominer l'empereur, sans abaisser pour cela sa fierté romaine.

C'est ce que Mlle Olga de Villeneuve a parfaitement senti, parfaitement rendu. Son jeu énergique et puissant, sa parole douce ou terrible, ont su faire passer tour à tour dans l'âme des auditeurs le calme ou l'effroi. Nous félicitons Mlle de Villeneuve du travail sérieux auquel elle s'est livrée pour s'identifier de la sorte avec le personnage de son rôle; en la voyant, en l'entendant, on se disait que telle devait être la mère de Néron, cette femme si artificieuse lorsqu'elle priait, si hautaine lorsqu'elle menaçait; ces deux nuances si tranchées du caractère d'Agrippine sont rendues avec une vérité frappante, soit qu'elle fasse des reproches à Néron de l'oubli où il la laisse, soit qu'elle menace de sa colère Burrhus, qu'elle soupçonne de trahison.

Aussi pouvons-nous prédire à cette jeune tragédienne un avenir de succès et de gloire, dont les applaudissements et les couronnes qu'elle recueille aujourd'hui ne sont que les préludes. (*La Presse théâtrale,* 18 décembre 1859.)

1860.

Odéon. — Samedi dernier a eu lieu à ce théâtre le premier début de Mlle Olga de Villeneuve : on donnait *Andromaque,* et la débutante remplissait le rôle d'Hermione. Mlle Olga de Villeneuve est une jeune personne qu'une vocation décidée pousse, dit-on, au théâtre. Nous nous rappelons avoir vu, il y a quelque temps, son nom cité avec éloge dans le compte rendu d'une de ces soirées que les élèves de l'art dramatique donnent à leurs amis et connaissances pour essayer leurs talents et s'aguerrir à la scène. Après l'avoir entendue samedi, sur un vrai théâtre et devant un véritable public, nous pensons qu'en effet il y a là une vocation des plus franches et des mieux caractérisées, digne d'encouragement. Jusqu'à ce qu'on ait renoncé au culte de la tragédie d'une façon définitive, le Conservatoire et les professeurs particuliers nous offrent chaque année plusieurs jeunes gens des deux sexes qui se livrent avec plus ou moins de bonheur à cet exercice fatigant. Ils apparaissent un instant sur notre première scène et sur celle de l'*Odéon*, revêtent pour quelques heures la tunique de Néron et de Polyeucte, d'Agrippine, de Junie ou de Pauline, se coiffent du casque d'Achille ou brandissent l'épée du Cid, soupirent sous le nom d'Iphigénie, se pâment dans le fauteuil de Phèdre, et réalisent, tant bien que mal, l'idée que nous nous faisons des Chimène, des Zaïre et des autres créations des poëtes; puis, les débuts achevés, la plupart disparaissent. Ceux et celles qui demeurent au théâtre passent presque immédiatement des premiers rôles aux accessoires et aux utilités. Le drame et le mélodrame s'en emparent; l'année suivante, une nouvelle génération de débutants et de débutantes tragiques vient recommencer le même exercice, et tourner dans le même cercle avec un semblable résultat.

Quelques rares et brillantes exceptions survivent seules, et vont augmenter le nombre, très-restreint d'ailleurs, des artistes dramatiques en possession justifiée de desservir la muse tragique.

Est-ce dans cette dernière catégorie qu'il faut placer Mlle Olga de Villeneuve, d'après son premier début? Nous le croyons certainement, et, malgré l'exemple de plus d'une espérance déçue, nous saluons avec plaisir et avec éloge cette apparition d'une jeune artiste qui, malgré son inexpérience, révèle des qualités réelles. Elle a le souffle tragique, l'énergie et la flamme. Elle a la conviction, et cette qualité qu'avant tout Voltaire demandait aux interprètes de ses héroïnes, et qu'il traduisait crûment par ces mots : « le diable au corps »; aussi a-t-elle produit un grand effet, et, disons-le, un effet inattendu dans le rôle d'Hermione : d'après le succès obtenu dans les principales scènes, nous croyons que les sentiments énergiques et violents, l'ironie et la colère vont mieux à la débutante que l'expression des sentiments doux et tendres. Cependant, là encore, elle a fait preuve d'intelligence et de sensibilité. Sa diction est bonne, et les nuances diverses du rôle nous ont paru généralement bien observées et judicieusement indiquées : au reste, on dit qu'elle a pris des leçons de M. Samson; le nom de l'éminent professeur justifie et de reste l'éloge que nous donnons à cette partie importante de l'exécution. Mlle Olga de Villeneuve est d'une taille convenable; sans être d'une beauté régulière, elle a le masque tragique, et son sourire ne manque pas de grâce. Elle a de l'autorité dans le geste. Depuis longtemps nous n'avions assisté à un début plus curieux et plus intéressant. (*Gazette des Théâtres,* 22 mars 1860.)

M. LISTENER.

ODÉON. — Le personnage d'Émilie, choisi par Mlle Olga de Villeneuve pour son troisième début, nous paraît propre à bien faire apprécier la nature du talent tragique de cette jeune artiste. La colère, la
passion, le dédain et l'ironie animent tour à tour la pupille d'Auguste :
cette adorable furie, comme l'appelait Balzac, est énergiquement et brillamment interprétée par la débutante ; elle a été magnifique d'expression
dans sa grande scène du troisième acte avec Cinna, et vivement applaudie ; elle a véritablement le souffle de la passion, la vie et la foi ;
elle se drape à merveille, et nous ne faisons que nous répéter et répéter
ce que la plupart des critiques ont dit de la débutante, en fondant sur
cette nouvelle venue de solides et prochaines espérances. (*Gazette des
Théâtres,* 29 avril 1860.)

M. LISTENER.

Depuis quelques jours on nous parlait des dispositions remarquables
d'une jeune tragédienne, Mlle Olga de Villeneuve, qui s'était déjà montrée à l'Odéon dans le rôle d'Hermione et de Monime. Vendredi dernier, elle devait jouer pour son troisième et dernier début l'Émilie de
Cinna ; nous n'avons pas voulu manquer cette occasion de voir une
jeune artiste assez convaincue et assez dévouée à son art pour se consacrer à un genre aussi négligé que la tragédie.

Dès les premières scènes, nous avons reconnu que l'on avait été loin
de nous surfaire le mérite de la débutante. Mlle Olga a mieux que des
dispositions remarquables, elle a déjà des qualités éclatantes. Elle est
d'abord fort bien faite pour représenter les grandes princesses tragiques,
les Hermione, les Camille, les Émilie. Sa taille est élevée et svelte,
son maintien noble, sa physionomie expressive ; elle a le front découvert, de grands traits, des sourcils bien arqués, des yeux d'un noir vif
où se peignent toutes les passions, depuis l'amour jusqu'à la haine. Sa

voix est claire, étendue, flexible; son geste a de l'ampleur et de la majesté; elle a de l'énergie, de la fierté, du sentiment, de la puissance; elle a ce feu qui anime tout un rôle, ce feu que Voltaire appelait le *diable au corps*. (*Siècle*, 30 avril 1860.)

E. DE BIÉVILLE.

La tragédie peut se passer de tragédien, mais elle ne peut se passer de tragédienne; l'abandon où elle est restée, depuis la mort de Rachel, le fait supposer du moins. La couronne à feuilles d'or que l'illustre actrice a déposée, de sa main défaillante, sur l'autel de Bacchus, au milieu du thymélé, y reste toujours couverte de son crêpe; personne, jusqu'à présent, n'a su la saisir et en ceindre son front. Aucun homme n'a essayé; mais quelques jeunes filles, surexcitées par un souvenir glorieux et se faisant illusion sur leurs forces, ont, à de longs intervalles, revêtu le péplum et le manteau antiques, et balbutié timidement les beaux rôles que la grande tragédienne accentuait de sa voix profonde. Mlle Olga de Villeneuve est la seule qui nous semble justifier cette audace. Elle est jeune, elle est belle, elle est grande, elle a le profil sculptural, et la bandelette de laine ou d'or se mêle bien à ses noirs cheveux; les draperies font de beaux plis sur elle; sa voix vibrante, sonore, d'un timbre cuivré, se prête aux violences, aux fureurs et aux éclats tragiques. Elle a joué Hermione, Monime, récemment, avec un talent et un succès réels.

Vendredi, Mlle Olga, dans *Cinna*, a rendu les fiertés romaines d'Émilie d'une façon noble et grande, et quand il a fallu trouver des accents de reconnaissance pour le César qui pardonne, elle a su le faire sans bassesse et en gardant la hauteur d'un caractère que peut seule ployer la générosité. Le mâle alexandrin de Corneille résonne avec plénitude sur ces lèvres aux coins arqués et y conserve sa vibration de bronze. — Mlle Olga est-elle appelée à recueillir l'héritage de Rachel? C'est une question qu'il serait prématuré de résoudre; mais à coup sûr elle y peut prétendre : elle a des titres, sinon des droits. Son ambition, du moins, n'est pas ridicule. Elle n'imite pas sa célèbre devancière et ne cherche pas à poser son cothurne sur des traces sacrées désormais; elle joue avec son inspiration et son âme, dans un sentiment qui lui est propre, et le développement impétueux de ses gestes éloigne toute idée de ressemblance; il y a chez elle de la vie, de la force et de l'avenir. (*Moniteur universel,* 30 avril 1860.)

THÉOPHILE GAUTIER.

Je m'étonnais, dans mon dernier article, qu'on montrât si peu d'empressement pour les études dramatiques en général, et pour la tragédie en particulier. Mais tandis que j'exprimais ces doléances et ces regrets, Mlle Olga de Villeneuve y répondait d'une façon directe et péremptoire. Elle jouait fièrement le rôle d'Émilie dans *Cinna.* Mlle de Villeneuve est une belle et intelligente personne. Son rang, sa fortune, ses amitiés, ses relations, semblaient devoir l'éloigner du théâtre; mais sa vocation a été plus forte que tous les préjugés mondains. Elle a le goût, la passion de son art; elle a l'organe, elle a la taille, elle a le feu sacré et la volonté qui fait réussir. (*Constitutionnel,* 5 mai 1860.)

P.-A. FIORENTINO.

Daniel Lambert, comme *César Girodot,* prendra un jour de congé par huitaine, le vendredi. Le théâtre, sevré de son succès pour une soirée, se donne la consolation d'une tragédie; l'autre semaine, par exemple, il jouait *Cinna* et ne s'en trouvait pas mal. Mlle Olga de Villeneuve débutait dans le rôle d'Émilie. Nous ne rappellerons pas à son sujet le souvenir de Mlle Rachel : de telles évocations, lors même que par un effort de louange on veut les faire tourner à l'avantage de l'artiste nouvelle, sont le plus souvent des maladresses. Presque toujours, quoi que l'on tente en pareil cas, le talent qu'on veut ainsi faire valoir ne gagne pas un rayon de plus à la comparaison, et l'on peut même dire qu'au lieu de se dégager de ses ténèbres, c'est lui qui, dans ces rapprochements dangereux, semble faire ombre sur la lumière de la grande ombre évoquée. Nous ne verrons donc ici que Mlle de Villeneuve elle-même. A quoi bon le passé, d'ailleurs, quand on a devant soi un avenir? Or, celui de la nouvelle tragédienne est certain. On sent en elle toutes les flammes d'une vocation inspirée et convaincue, qui s'est éclairée de l'expérience des meilleurs maîtres et qui, s'il lui fallait encore d'autres garanties, aurait celles tout extérieures qui suffisent à tant d'autres : la beauté du visage, la noblesse de la stature et la mâle fierté de l'accent.

Rien ne manquera peut-être à la tragédienne que la tragédie, qui, je dois l'avouer avec quelque regret, ne semble pas reprendre faveur. Le drame alors lui restera, et son talent sérieux, nourri de la moelle des lions, pourra s'y produire, sans déchoir, si l'on consent enfin à mettre ce genre à sa vraie hauteur, et le grandir à la taille des magnifiques sujets qui lui restent à traiter. Les dramaturges malheureusement ne me semblent pas dans cette voie. Je les trouve, en ce moment, beaucoup plus enclins à gâter qu'à grandir les sujets dont ils s'emparent. (*Patrie,* 7 mai 1860.)   E. FOURNIER.

———

Mlle Olga de Villeneuve, — ainsi elle se nomme, — est une jeune personne du monde qu'une vocation irrésistible entraîne au théâtre. Embrasée de ce feu sacré, — qui peut être souvent une illusion, mais qui fait les artistes d'élite, quand ses flammes sont aussi ardentes que sincères, — elle a conçu l'ambition de nous rendre les illustres héroïnes de Corneille et de Racine, et peut-être que cette ambition n'est pas aussi ridicule qu'on pourrait le croire. Il ne suffit pas cependant de se dire : « Je suis forte et vaillante ; mon cœur s'enflamme au contact des grandes douleurs et des grandes passions tragiques ! » il faut encore prouver que cette inspiration n'est pas un feu follet, et la preuve est difficile. La première jeune fille à qui il prendra fantaisie de se proclamer une comédienne sera crue sur parole, et elle trouvera aisément des théâtres et des spectateurs qui prendront ses prétentions au sérieux. Il est si facile d'être une comédienne médiocre, et les comédiennes médiocres sont si nombreuses qu'on les applaudit volontiers, faute de mieux. Il n'en est pas de même des tragédiennes. C'est d'elles surtout qu'on peut dire « qu'il n'est point de degré du médiocre au pire. » Ajoutons que la tragédie n'est plus à la mode, non parce que le public la dédaigne, mais parce que les comédiens trouvent plus commode de jouer des comédies réalistes, qui exigent moins d'études et un talent plus en rapport avec le sans-gêne de leur pot-au-feu journalier. Si Mlle Olga de Villeneuve était une élève du Conservatoire; si un prix quelconque, obtenu au concours annuel, lui avait conféré le privilége de balbutier la tragédie sur un ton de psalmodie monotone, le Théâtre-Français lui aurait sacrifié trois soirées brûlantes de juillet, soirées sans lendemain, à moins qu'elle ne se fût résignée à émigrer aux Délassements-Comiques et à lutter de hauts de jambe avec Mlle Rigolboche, après avoir essayé d'entrer en lutte avec les illustres héritières de Mlles Lecouvreur et Clairon. Quelque mince que soit cette faveur, elle n'avait pas même le droit d'y aspirer; elle est donc allée frapper à la porte de l'Odéon, qui a daigné la lui entrebâiller à moitié, et voilà un mois qu'elle y a commencé ses débuts dans le plus complet incognito.

Mlle Olga de Villeneuve avait déjà débuté dans *Phèdre* et dans Monime de *Mithridate,* sans l'appui d'aucune publicité, loin des yeux de la critique et à son insu, lorsqu'un bruit vague, timidement propagé par les rares amateurs que le hasard avait fait assister à ces deux soirées, vint nous apprendre qu'elle valait mieux que ce silence et cette indifférence. Nous ne prêtâmes d'abord qu'une oreille incrédule à ces rumeurs flatteuses, — nous en avons tant vu de ces étoiles filantes que des amis complaisants saluaient du titre de soleils levants! — et nous étions résigné d'avance au déplaisir d'une nouvelle déception. Aussi notre surprise a été grande lorsque nous avons entendu Mlle Olga dans le rôle d'Émilie de *Cinna;* et maintenant, loin de trouver que les éloges accordés à ses heureuses dispositions étaient exagérés, nous serions volontiers disposé à reconnaître qu'ils ne s'égalaient pas à son mérite. La jeune débutante est belle de cette beauté artistique qui convient aux princesses et aux reines tragiques qu'elle aspire à représenter. Son profil, vivant et accentué, ressemble à celui d'un camée antique; la passion illumine son regard fier; sa voix est harmonieuse et forte, vibrante et flexible, sa taille svelte et élancée, sa démarche pleine de noblesse, son geste à la fois digne et énergique. Elle a dit avec beaucoup de talent, avec des accents passionnés et toujours empreints d'une véritable grandeur, ce magnifique rôle d'Émilie, cette dernière des Romaines, la fille la plus héroïque de l'héroïque génie de Corneille. Sans doute, elle a faibli par instants : tantôt elle précipitait trop le débit, tantôt elle chantait le vers; il lui est même arrivé deux ou trois fois que son geste était en désaccord avec l'intonation de sa voix, et celle-ci avec le sens des paroles qu'elle prononçait. Mais ces défaillances ne témoignent que de son inexpérience, et elle en triomphera sans peine si elle veut sincèrement travailler. Ce qui fait heureusement augurer de son avenir, c'est l'inspiration, un don du ciel qui ne s'acquiert pas par l'étude, et qu'on ne pourrait lui refuser sans injustice. Ajoutons qu'elle n'a pas cherché à se faire un talent d'imitation : soit confiance dans sa force, soit habileté, si l'on veut, elle a préféré être elle-même avec ses inégalités et ses imperfections, et ce dédain du poncif plaide encore et beaucoup en sa faveur. (*L'Union*, 14 mai 1860.)   A. ESCANDE.

L'Odéon a donné aussi sa représentation au bénéfice de Mlle Trochu, la descendante de Racine, et, comme l'Odéon compte dans sa troupe une véritable tragédienne, il n'a trouvé rien de mieux à faire que de représenter *Andromaque*. — Mlle Olga de Villeneuve a joué Hermione, son rôle de début. Déjà plus maîtresse d'elle-même, encouragée par le succès à déployer sans crainte tous ses moyens, elle y a produit un grand effet; elle a rendu avec un rare sentiment tragique ces alternatives de haine et d'amour, ces colères superbes, ces passages soudains de la coquetterie perfide au mépris écrasant, qui font de ce rôle un des plus beaux du répertoire. — Grande, belle, magnifiquement drapée d'un manteau de pourpre éblouissant d'or, Mlle Olga de Villeneuve prêtait à la tragédie un éclat et une vie dont on la croyait privée, sinon pour toujours, du moins pour longtemps. En la regardant, nous nous demandions pourquoi elle ne s'essayerait pas à jouer cette Médée qu'on ne connaît à Paris que par une élégante version italienne. — Mlle Olga nous répondrait sans doute que c'est chose périlleuse après la Ristori; mais l'audace sied bien à la jeunesse, et, pour le public, le charme de comprendre les vers du poëte serait une compensation du talent moins parfait. (*Moniteur universel*, 14 mai 1860.)   THÉOPHILE GAUTIER.

Il y a quelques jours, un public aussi choisi que nombreux s'était donné rendez-vous dans la salle lyrique de la Tour-d'Auvergne. Le plus grand attrait de cette représentation, ou plutôt son seul prestige, c'était le nom et le talent de Mlle Olga de Villeneuve, la jeune et merveilleuse artiste qui vient de se révéler avec tant d'éclat à l'Odéon. On a joué un acte d'*Andromaque* et *Agnès de Méranie*. Dans le chef-d'œuvre de Racine, Mlle de Villeneuve a été d'un bout à l'autre superbe d'ironie, de dédain, de colère, de tendresse.

La belle tragédie de M. Ponsard, dont le succès semble entrer aujourd'hui dans une nouvelle phase, a offert à Mlle Olga de Villeneuve l'occasion de déployer toutes les ressources de son magnifique talent, talent flexible, élevé, gracieux autant qu'énergique, qui se prête à toutes les nuances du sentiment, et qui suit le poëte dans tous les développements de sa pensée. Puissante dans les scènes où déborde la passion, elle a eu des élans de tendresse exquise et un charme de diction ravissant dans les passages où l'auteur a prodigué les richesses de son génie poétique.

Les beaux costumes de Mlle de Villeneuve, si remarquables à la fois par leur exactitude historique, ont contribué puissamment à l'effet de cette représentation, qui a donné à la salle lyrique de la Tour-d'Auvergne une vogue et une importance qu'elle n'avait pas eues jusqu'à ce jour.

Nous l'avons déjà dit, la place de Mlle Olga de Villeneuve est au Théâtre-Français, où la muse tragique, si profondément endormie depuis la mort de Rachel, retrouvera, sous son influence, toute l'énergie et toute la délicatesse de ses accents.

La salle lyrique, placée sous l'habile direction de M. Ricourt, a donné dernièrement une représentation très-intéressante au bénéfice d'un jeune artiste. Le programme de cette fête dramatique se composait de deux ouvrages très-remarquables et d'un genre différent : *Un Caprice*, d'Alfred de Musset, et *Agnès de Méranie*, par Ponsard. La charmante comédie d'Alfred de Musset a été interprétée avec le talent et l'ensemble qu'on pouvait attendre des jeunes élèves auxquels M. Ricourt sait si bien communiquer tous les secrets de l'art. Mais l'attention et l'intérêt des spectateurs ont redoublé pendant la représentation de la belle tragédie de Ponsard, dont Mlle Olga de Villeneuve avait bien voulu accepter le principal rôle. Invitée à concourir à une bonne action, elle a répondu à cet appel avec un empressement qui l'honore.

Nous avons eu l'occasion de parler des éclatants débuts de Mlle Olga de Villeneuve sur la scène de l'Odéon : on sait que les rôles si divers d'Hermione, de Monime et d'Émilie ont été pour elle autant de triomphes. Depuis Rachel, Racine et Corneille n'avaient pas trouvé une interprète unissant à un pareil degré la science et l'inspiration. Après cette épreuve, qu'elle avait soutenue si vaillamment, on attendait la jeune tragédienne dans une œuvre du répertoire moderne. Avec l'assurance d'un talent qui est déjà en pleine maturité, Mlle de Villeneuve a abordé le rôle si difficile d'Agnès; elle y a été à la hauteur de ses antécédents. Ce n'est pas là un mince éloge. Le public était fasciné : cette diction pénétrante, ces traits accentués, cette physionomie aristocratique, ces poses qui rappellent les plus belles formes de la sculpture, ce costume d'une richesse inouïe, ont fait éclater des applaudissements et des bravos sans fin.

Si nos informations sont exactes, de hautes influences réclament l'admission de Mlle de Villeneuve à la Comédie française. Son apparition sur cette scène serait un événement.

.   .   .   .

Les portes de l'Odéon sont fermées depuis quelques semaines; mais le public de ce théâtre a pu entendre et applaudir ailleurs la grande tragédienne qui s'y est révélée avec tant d'éclat. Mlle Olga de Villeneuve a. paru hier mercredi dans une représentation donnée à la salle lyrique de la rue de la Tour-d'Auvergne. Cette salle était beaucoup trop étroite pour contenir la foule des spectateurs, au milieu desquels on remarquait plusieurs célébrités littéraires, et des personnages qui occupent dans le monde officiel une position très-élevée.

On a joué un acte d'*Andromaque* et *Agnès de Méranie,* un des chefs-d'œuvre de Ponsard. Les personnes qui avaient vu Mlle de Villeneuve à l'Odéon, dans le rôle d'Hermione, pensaient qu'il était impossible de pousser plus loin l'énergie, la passion, la tendresse. Eh bien, la représentation d'hier soir a dû modifier leur conviction. Nous le proclamons, sans craindre d'être accusé d'un enthousiasme irréfléchi, Mlle Olga de Villeneuve s'est surpassée elle-même dans le rôle d'Hermione. Jamais son jeu n'avait été si puissant, sa diction si incisive; jamais sa beauté idéale n'avait resplendi d'un pareil éclat.

E. DU PUJOL.

. . . . , ...

La jeune tragédienne a fait ressortir de la façon la plus émouvante et la plus poétique à la fois toutes les nuances du beau rôle d'Agnès. Elle a eu des jeux de physionomie saisissants, des accents vrais sortis du cœur, qui ont ébranlé la salle entière.

Tous les efforts de l'intrigue et de l'envie ne sauraient affaiblir la portée d'un pareil triomphe. Nul doute que les portes de la Comédie française ne s'ouvrent incessamment devant l'artiste inspirée.

EMMANUEL V.

. . . .

On semble délaisser depuis quelque temps notre première scène littéraire : l'intérêt et l'attention sont ailleurs. Les amateurs et le public prennent de plus en plus le chemin de l'Odéon. L'Odéon joue vraiment de bonheur; il a mis la main sur un vrai talent, chose plus rare qu'on ne pense. Quand l'Odéon a ouvert ses portes à Mlle Olga de Villeneuve, il ne soupçonnait certainement pas l'importance de cette acquisition. Aujourd'hui les merveilleux succès de la grande tragédienne l'ont complétement éclairé sur la valeur de ce joyau, qu'il tiendrait à honneur de conserver ; mais, nous pouvons l'affirmer hardiment, l'Odéon ne gardera pas sa conquête. La place de Mlle Olga de Villeneuve est au Théâtre-Français, où elle arrivera avant peu par le double privilége du génie et de la beauté.

Les débuts de Mlle de Villeneuve ont été une révélation. Les rôles les plus divers, Hermione, Monime, Émilie, ont montré les ressources, la puissance, la flexibilité de cette organisation qui a déjà sondé tous les secrets de l'art, et se prête aux plus heureuses métamorphoses. Ses costumes, qu'elle porte d'une façon si imposante et si gracieuse à la fois, mettent admirablement en relief ses traits expressifs, sa physionomie accentuée et la rare distinction de sa personne. Mlle Olga de Villeneuve est de la race des grandes tragédiennes, dont elle est appelée à rajeunir les traditions. Elle est l'espérance et l'avenir du Théâtre-Français; elle en sera bientôt la fortune et la gloire. (*Le Monde élégant.*)

. . . .

Une chose incontestable, c'est que les grands rôles tragiques n'ont plus au Théâtre-Français d'interprètes sérieux, intelligents, inspirés, — et cependant la tragédie n'est pas morte : — nous n'en voulons d'autre preuve que l'impression profonde qu'a soulevée Mlle Olga de Villeneuve, lorsqu'elle a joué, soit à l'Odéon, soit à la salle lyrique, les rôles d'Hermione, de Monime, de Phèdre, d'Agnès de Méranie.

Sentiment, diction, physionomie, poses, costumes, tout s'harmonise chez Mlle Olga de Villeneuve, tout concourt à former le plus bel ensemble. Sa place est au Théâtre-Français : on peut même s'étonner à bon droit qu'elle n'y soit pas déjà arrivée. Elle y brille par son absence...

.   .   .   .

Si nous sommes bien informés, Mlle Olga de Villeneuve a reçu de divers théâtres de Paris des propositions brillantes. Nous ne savons quel parti l'éminente tragédienne a pris à cet égard : ce que nous pouvons affirmer avec certitude, c'est qu'elle sera partout la bienvenue, car tout le monde aime le talent, la beauté et la jeunesse. Sur quelque scène que Mlle de Villeneuve se décidât à paraître, elle y apporterait un puissant élément de succès.

Quoi qu'il en soit, l'heure ne tardera pas à sonner où les portes du Théâtre-Français s'ouvriront devant la seule artiste qui puisse rendre à la tragédie toute sa splendeur.

.   .   .   .

Les loisirs qu'a laissés à Mlle Olga de Villeneuve la clôture de l'Odéon n'ont point été stériles pour sa renommée et son avenir. Nous avons constaté le succès éclatant qu'elle a obtenu, il y a un mois environ, à la salle lyrique de la Tour-d'Auvergne. Au point de vue du talent, de l'expression dramatique, de la beauté et du costume, ce succès a pris de si grandes proportions qu'il a fini par réduire l'envie et la médiocrité au silence.

Il ne reste plus qu'à ouvrir à Mlle de Villeneuve les portes du Théâtre-Français. Ce sera un acte de bonne administration, et ce sera justice.
(*Revue et critique des Théâtres.*)

A propos de pantalon, vous vous souvenez du mot de *Monsieur Pantalon* : « Je me suis trompé de dose, disait le bonhomme ; j'en ai trop mis. Je voulais faire un narcotique, et j'ai fait un poison. » C'est ce qui est arrivé à Mme Ristori : on peut en plaisanter, maintenant que la grande artiste est entièrement rétablie, et qu'elle a reparu dans son grand rôle d'Élisabeth, au bruit des applaudissements et sous une pluie de fleurs. On voulait lui donner un calmant : dix ou douze gouttes de laudanum ; *on en a trop mis :* on a failli l'empoisonner. Elle n'a pu jouer à l'Odéon, comme on l'espérait, dans la représentation au bénéfice de Mlle Trochu. Mlle Olga de Villeneuve, qui ne devait dire qu'un acte d'*Andromaque*, a dit tout le rôle d'Hermione avec tant de zèle, de verve et d'énergie, qu'on l'a applaudie très-chaleureusement, et rappelée à la fin du spectacle. (*Constitutionnel*, 21 mai 1860.)   P.-A. FIORENTINO.

Mlle Olga de Villeneuve est une jeune tragédienne chez laquelle on trouve les dons et les moyens nécessaires pour réussir dans l'emploi des héroïnes. Elle jouait le rôle d'Hermione dans la représentation donnée à l'Odéon au bénéfice d'une petite-fille de Racine, le soir même de la représentation d'*Adrienne Lecouvreur* au Théâtre-Italien. Nous avions promis d'assister à l'essai de Mlle Stella : nous n'avons pu voir Mlle Olga que dans le deuxième acte d'*Andromaque;* mais le rôle d'Hermione se pose d'une manière assez vigoureuse et assez large dans cet acte pour que l'on puisse y apprécier une actrice. Cette seconde audition nous a confirmé dans notre jugement sur Mlle Olga, et nous a montré de plus que la jeune tragédienne savait profiter des avis. Elle a déjà corrigé, en partie au moins, quelques-uns des défauts que nous lui avions signalés. Son geste est moins exagéré, sa diction moins déclamatoire. Elle n'est pas encore assez maîtresse de sa voix et de ses mouvements, elle a besoin encore de beaucoup d'étude, et surtout de beaucoup de pratique, la meilleure des études ; mais elle a la noblesse, l'ampleur, l'énergie, l'impétuosité, la puissance, le foyer, qui, bien réglés, produisent les grands effets tragiques. Après les débuts si remplis de promesses qu'elle vient de faire à l'Odéon, elle va sans aucun doute être appelée à débuter au Théâtre-Français. C'est là que nous l'attendons. (*Siècle*, 21 mai 1860.)

E. DE BIÉVILLE.

Si la bonne foi préside à tant de choix bizarres, c'est qu'on est maladroit, et nous le signalons. Si l'on voulait *sérieusement* continuer la tradition des grands poëtes dans quelques-unes de leurs manifestations, on devrait choisir avec soin celles qui sont le moins disparates avec le théâtre contemporain.

Nous insistons d'autant plus sur ce point qu'il est impossible que tant d'efforts tentés soient entièrement perdus, et que nous voici en face d'un jeune et vigoureux talent, qui doit donner mieux que des espérances.

Mlle Olga de Villeneuve, après avoir recueilli des ovations et déjà bien des fleurs dans les quelques essais qu'elle a tentés à la salle lyrique, à Belleville, — après avoir été jugée favorablement par la critique, qui ne craint pas d'aller au loin à la découverte des talents inconnus, — vient d'aborder modestement la scène odéonienne, sans bruit, sans faste, et sous les traits de cette terrible Hermione, qui mérite mieux qu'Émilie l'épithète d'adorable furie, que Balzac prodiguait à l'héroïne de *Cinna*.

Une vaste scène, de grands souvenirs, un rôle écrasant, un public difficile et prévenu contre la tragédie et les tragédiennes par de récentes exhibitions, voilà les obstacles ennemis que la jeune prêtresse avait à combattre, et qu'elle a surmontés presque toujours.

Parmi la douzaine de tragédiennes cherchant à éclore, Olga de Villeneuve est bien certainement ce qu'il y a de mieux ; il ne faut qu'un instant pour reconnaître qu'elle les dépasse de cent coudées. Ses traits sont énergiquement accusés, et le profil est un camée antique ; sa taille est belle, libre, dégagée ; les bras ont de l'harmonie ; la voix a du mordant et des vibrations sonores : on sent de l'intelligence sous ce front et dans ce regard ; il y a de l'inspiration dans cette diction un peu fougueuse. Voilà la part des qualités. Voici les défauts : exagération de la dignité, port de tête trop élevé, trop de roideur dans la démarche. Le buste est parfait ; et lorsque la jeune tragédienne, au quatrième acte, se courbait sur Pyrrhus, dans l'attitude d'une panthère ou d'une suppliante, sa pose avait la plus grande beauté.

La voix de la nouvelle Hermione n'a pas l'ampleur de celle de Rachel ; elle se rapproche parfois de celle de l'admirable Ristori, de cette *voce di carne*, dépouillée de sons métalliques, et qui sort véritablement de la poitrine et du cœur. La débutante cherchait le diapason de la salle le premier soir, et cependant ses notes les plus faibles, les plus comprimées à dessein, arrivaient aux oreilles de tous avec une grande amplitude.

Ce début est très-heureux ; les derniers actes ont arraché à tous les applaudissements les plus sincères. Pendant le récit de la mort de Pyrrhus, les attitudes d'Hermione ont été admirables de vérité.

Dancourt, son ancien partenaire, a joué Pyrrhus avec une certaine chaleur et beaucoup de jeunesse ; il s'est fait applaudir, ainsi que Gibeau et Mᵐᵉ Bertin. — Cette soirée était fort belle, et nous lui avons donné la première place aujourd'hui, pour appeler l'attention de tous sur un jeune talent qui se révèle et que l'on doit juger. (*Messager des Théâtres*, 22 mai 1860.)   PAUL FERRY.

Si nous vivions encore au temps où la tragédie était en honneur comme une des œuvres de l'esprit humain qui porte l'âme dans les régions les plus élevées de la pensée et du sentiment, nous n'aurions que des félicitations à adresser à Mˡˡᵉ Olga de Villeneuve, dont nous avons suivi les débuts avec le plus grand intérêt. Elle est belle, elle comprend la poésie, elle rend les nuances de la pensée du poëte, et son énergie ajoute encore aux sentiments qu'il veut exprimer : c'est une actrice, enfin. On a du plaisir à la voir, de l'émotion à l'entendre, et sa place serait marquée sur notre premier théâtre français, s'il y avait encore un premier théâtre ; mais il n'y a plus de premier théâtre en France, et encore moins de second. Il fallait voir cela le jour où l'on a donné à l'Odéon une représentation au bénéfice de la petite-fille de Racine. Sans Mˡˡᵉ Olga de Villeneuve, qui a eu de superbes moments dans le rôle d'Hermione, on fût parti avant la fin de la tragédie : l'on aurait eu tort pourtant. (*Gazette du Nord*, 26 mai 1860.)   Mᵐᵉ ANCELOT.

Ce n'est pas tout encore : une jeune personne appartenant au monde par sa naissance, héritière d'une belle fortune, s'est sentie entraînée par une vocation invincible et vient d'entrer au théâtre. Mˡˡᵉ Olga de Villeneuve a été élevée dans un couvent à Castres, puis à Paris, à l'Enfant-

Jésus, où elle est arrivée en 1851. Elle commença par réciter des fables dans le salon de sa mère; sa sensibilité, le naturel et la grâce de son débit, firent l'admiration d'un cercle bienveillant; on l'encouragea par des louanges : elle osa alors essayer davantage, et déclama des vers de nos grands tragiques; son succès fut plus complet encore; on parla devant la jeune fille des enivrements de la carrière dramatique, de ses triomphes : l'enthousiasme la saisit; elle s'y donna tout entière et confia son talent, dont elle ignorait encore toute la portée, à Beauvallet d'abord, à Samson ensuite. Ces deux habiles maîtres développèrent les qualités précieuses qu'elle avait reçues de la nature. Belle, passionnée, sensible, Mlle de Villeneuve doit, avec de pareilles leçons, monter jusqu'aux régions les plus élevées de l'art. (*Constitutionnel*, 27 mai 1860.)

HENRI DESROCHES.

Puisque je suis à l'Odéon, j'y reste un instant pour applaudir au nouveau début de Mlle Olga de Villeneuve dans le rôle d'Hermione. Elle y a montré beaucoup d'ardeur et de feu tragique, de belles colères et de grands élans, l'accent énergique de l'imprécation et de la menace. Il y a décidément de l'avenir dans le talent de cette jeune artiste. (*Presse*, 28 mai 1860.)

PAUL DE SAINT-VICTOR.

TRAGÉDIE FRANÇAISE.

A Monsieur l'Éditeur du journal, etc.

Monsieur,

Plusieurs journaux ont noté dernièrement l'apparition d'une jeune et attrayante actrice sur la scène, Mlle Olga de Villeneuve, qui fut engagée pour très-peu de temps à prendre des leçons dramatiques au théâtre de l'École-Lyrique, et pour lesquelles elle possède un talent extraordinaire; et, ce qui est encore plus remarquable, c'est que son jeu est entièrement naturel. Ayant pris maintenant quelques leçons d'essai de Beauvallet et de Samson, elle a déjà paru trois fois dans le rôle d'Hermione, dans lequel elle joue avec un effet admirable et irrésistible; et son talent si particulier lui permet de remplir tous les caractères.

Son jeu est tout à fait en harmonie avec le noble laisser-aller de sa personne. Sa voix est en même temps mélodieuse et puissante, et si flexible qu'elle la module avec la plus grande facilité. Sa position dans le monde et ses charmes personnels la justifieraient de vouloir atteindre d'autres succès que ceux du théâtre; mais, en adoptant la carrière théâtrale, elle obéit à une impulsion irrésistible. Pour donner à nos lecteurs une idée de l'effet qu'elle a produit sur les spectateurs, nous prendrons pour exemple sa première apparition dans le rôle d'Agnès de Méranie. Une esquisse légère de la tragédie est cependant nécessaire.

Philippe, roi de France, était marié secrètement à Mme Ingelberge, de qui il fut divorcé légalement par le pape Célestin.

Il le maria à Agnès de Méranie.

Cinq ans après ce divorce, le pape Célestin mourut, et Innocent III lui succéda. Quelques mois après son avénement à la papauté, il envoya une bulle annulant le divorce prononcé par le pape Célestin, son prédécesseur, et dénonçant Agnès comme adultère. Philippe refusa obéissance à cette monstrueuse injustice, et l'ambassadeur du saint-père le menaça d'une déposition, ayant le décret signé de ce dernier. Philippe alors déclara que le trône de France valait bien les clefs du saint-père, et invita ses barons à se tenir prêts pour marcher contre Rome. « Que les torts d'Agnès soient vengés, et que le royaume de France ne soit pas dégradé en sa personne. » Sur ce, l'ambassadeur du pape lança le décret de déposition, et menaça d'anathème les barons qui prendraient fait et cause pour le roi. Les barons, effrayés sans doute des tonnerres du pape, abandonnèrent la cause de Philippe. Agnès, voyant qu'elle était la cause de toutes ces calamités, surmonta son amour pour Philippe, et s'empoisonna.

Cette légère esquisse est donnée principalement pour attirer l'attention sur l'impression profonde produite par Mlle de Villeneuve sur son auditoire, dans sa visite à l'ambassadeur du pape :

> Par votre saint habit, qu'à vos genoux j'embrasse;
> Par votre saint rosaire, accordez-moi ma grâce !
> Si vous me repoussez, c'est fait de moi; merci.
> Je ne vous quitte pas sans avoir réussi.

Touché par cette déclaration, l'ambassadeur implore Dieu de lui envoyer la force nécessaire pour remplir sa mission. Agnès alors prononça les mots : Grâce! grâce! avec une sympathie si électrique, que les auditeurs, émus par la scène qu'ils avaient devant eux, s'écrièrent aussi : Grâce! grâce! Bossuet, le plus éloquent des orateurs français, n'a jamais produit cet effet. Aussi, lorsque l'ambassadeur dit à Agnès :

> Madame, levez-vous : c'est une vaine instance;
> Le pape ne peut pas révoquer sa sentence...

et, à sa réponse indignée :

> Puissent les nations s'émouvoir et comprendre
> A quelle tyrannie elles doivent s'attendre!
> Puisse venir un jour où tout le genre humain
> Se sera révolté contre le joug romain;
> Où l'on aura brisé les foudres de ce pape
> Qui ne se fait connaître à nous que lorsqu'il frappe;
> Qui de la chrétienté se prétend le pasteur,
> Et n'en est cependant que le persécuteur!

un tonnerre d'applaudissements couvrit la salle, et le sentiment public fut si grand que le gouvernement, craignant que le pape ne s'en offensât, fut obligé d'en défendre les répétitions, donnant pour raison que la France n'était pas en guerre avec Sa Sainteté.

Dans le caractère d'Agrippine, Mlle de Villeneuve a beaucoup de pouvoir dans son jeu, de dignité dans sa personne, une belle diction; enfin, tous ces talents, elle les possède au plus haut degré. Elle a déjà paru trois fois dans le rôle d'Hermione, dans lequel elle est admirable. Pourtant, dans Mithridate, le rôle de Monime est si différent de celui d'Hermione que nous pouvons à peine concevoir comment la même personne peut rendre aussi fidèlement ces deux caractères : l'un si énergique, sec et impétueux; l'autre plein de tendresse et d'affection. Mais il est impossible de croire à une plus fidèle et plus naturelle personnification d'une variété des plus étranges passions, ou à un jeu rempli des meilleurs, des plus tranquilles et des plus tendres sentiments du cœur, rempli par Mlle de Villeneuve dans ces deux rôles. Depuis la mort de Rachel, le

Théâtre-Français est désolé. Il est bien heureux que les succès qui ont accompagné le début de notre jeune et intéressante artiste nous permettent de prédire qu'elle deviendra un jour l'artiste la plus distinguée de la scène française. (*Extrait d'un journal anglais.*)

L'Odéon n'avait pas ralenti son ardeur au dernier moment; les semaines qui ont précédé la clôture annuelle ont été des plus actives; on y travaillait même en faisant ses malles. La continuation des débuts si remarqués de Mlle Olga de Villeneuve dans quelques-uns des grands rôles tragiques a compté parmi les événements de cette brillante fin d'année. Mlle de Villeneuve est possédée d'une foi qui s'en est allée avec bien d'autres, et dont il faudrait lui tenir compte, rien que pour sa singularité, lors même qu'un beau talent ne la rehausserait pas : elle a la foi de la tragédie. C'est une croyante au culte qui meurt, elle en serait la martyre s'il le fallait; mais l'on n'en est pas là, Dieu merci, avec elle : ses représentations n'ont rien de la tristesse des sacrifices. Une foule des plus brillantes, que Mlle Rachel eût elle-même enviée à certains jours, ne manque jamais de s'y presser. Il y a là une prêtresse inspirée pour son art, des adorateurs auxquels elle communique de sa flamme; mais je n'y vois pas de victime, si ce n'est peut-être un peu la tragédie elle-même, pour les parties où elle se trouve livrée à des artistes moins convaincus, chez lesquels la foi n'a jamais été, et qui n'ont pas pris grand'peine pour la remplacer, même par des semblants de talent. (*Patrie*, 4 juin 1860.)   ÉDOUARD FOURNIER.

École-Lyrique. — Un des plus brillants rayons du soleil odéonien fulgurait l'autre jour sur cette scène étroite et la faisait resplendir d'un éclat inaccoutumé. De vaillants artistes étaient là, et à leur tête triomphaient Olga de Villeneuve, fière du passé, confiante dans l'avenir, et Dancourt, son digne partenaire, tout luxuriant de fougue et de jeunesse. On jouait *Agnès de Méranie*, cette œuvre magistrale de Ponsard, dans laquelle la monotonie du sujet et l'uniformité des situations sont rachetées par tant de vigueur, par tant de poésie.

Olga de Villeneuve, sous le magnifique costume d'Agnès, ressemblait à un de ces personnages découpés dans une estampe enluminée du moyen âge; ce n'était plus Hermione la furieuse, Agrippine la terrible, Émilie l'implacable : c'était, ce soir-là, une nouvelle Bérénice, une femme passionnée, touchante, plaintive, qui, dans ces moments suprêmes où elle essayait, l'insensée, de lutter avec son cœur, se transfigurait et se répandait en menaces aussitôt étouffées par les larmes. Olga, dans *Andromaque*, avait rugi la jalousie; dans *Agnès de Méranie*, elle a soupiré l'amour. Toute rayonnante des succès de la veille, aspirant aux triomphes du lendemain, la jeune tragédienne poursuit sans faiblir sa marche ascensionnelle... Courage! le but radieux que se propose la noble enfant des poëtes est bien près d'elle... Elle va l'atteindre... elle l'a touché!... (*Messager des Théâtres*, 24 juin 1860.)

L. Félix Savard.

La jeune tragédienne, Mlle Olga de Villeneuve, dont nous signalions dernièrement les brillants débuts à l'Odéon, vient de s'essayer dans le rôle d'Agnès de Méranie sur le petit théâtre de l'École-Lyrique, faute de mieux. Si nous avions eu à choisir dans les œuvres de M. Ponsard un rôle pour Mlle Olga, c'est celui de Lucrèce ou mieux encore celui de Charlotte Corday que nous aurions choisi. Il faut à Mlle Olga des rôles où ses plus grandes qualités, la noblesse, l'ampleur, l'énergie, l'impétuosité, puissent se déployer. Elle est faite pour représenter les héroïnes, non les victimes. Elle a bien de la grâce aussi, et de la tendresse, mais la grâce prestigieuse, la tendresse ardente d'une Italienne, non la grâce timide, la tendresse langoureuse d'une Allemande.

Elle a dit avec un accent touchant le couplet charmant où Agnès regrette de ne pouvoir emmener son royal époux dans son Tyrol :

> O mes bois, mes vallons, ma campagne connue,
> Comme je guiderais chez vous sa bienvenue!
> Immenses horizons, de quel geste orgueilleux
> Je lui déroulerais vos tableaux merveilleux!
> Et quel bonheur d'entendre, à son bras suspendue,
> La lointaine chanson tant de fois entendue!

Hélas! ce n'est qu'un rêve. Il ne saurait pas, lui,
Oublier dans l'amour un trône évanoui.
Que vais-je imaginer! Un manoir d'Allemagne,
Les chants tyroliens, la paix de la campagne,
Toute cette innocence et toutes ces candeurs,
A lui, qui tomberait du faîte des grandeurs!
Ah! l'âme que la gloire une fois a touchée
Est pour le bonheur calme à jamais desséchée;
Elle garde en sa chute un désespoir hautain,
Et ne peut plus rentrer dans le commun destin;
Du haut de sa ruine, elle écoute, isolée,
L'écho retentissant de sa grandeur croulée.

Elle a été belle d'indignation et d'énergie dans le seul moment où la pauvre Agnès se révolte contre l'impudent moine qui vient, au nom de Rome, briser, après six ans, un mariage béni par l'Église, et dont deux enfants sont nés :

C'est vous qui répondrez des milliers de chrétiens
Dont vous aviez la garde, infidèles gardiens!

(*Siècle*, 23 juillet 1860.)   C. DE BIÉVILLE.

DIVERS

Le théâtre de l'École-Lyrique vient de nous révéler un talent dramatique de la plus haute portée. Mlle Olga de Villeneuve est de la race des grandes tragédiennes, dont le type semble avoir disparu. Elle en a l'accent, le port, le geste, la physionomie imposante. Mlle Olga de Villeneuve n'a rien de commun avec ces chétives organisations écloses dans la serre chaude des conservatoires, et qui viennent échouer tristement, dès leur premier pas dans la carrière. Ce qui domine chez elle, ce qui la caractérise, c'est l'émotion vraie, l'inspiration spontanée, le souffle poétique, le génie créateur qui donne aux œuvres des maîtres le mouvement et la vie; elle ne relève d'aucune école, elle est elle-même; pour intéresser, pour émouvoir, elle n'a qu'à suivre l'impulsion de son intelligence et de son cœur.

Ces qualités d'un ordre supérieur assurent à Mlle Olga de Villeneuve un immense avenir, et certes nous ne serons contredits par aucun de ceux qui l'ont vue et applaudie dans Hermione, Agrippine, Camille, Émilie, Monime, etc. Dans ces rôles si divers, elle a déployé toutes les ressources d'un magnifique talent, nourri et fécondé par de sérieuses études.

Nous reparlerons prochainement de Mlle Olga de Villeneuve; aujour-

d'hui nous n'avons voulu que constater l'apparition d'une nouvelle étoile,
que se disputeront bientôt sans doute les scènes les plus élevées.

. . . .

L'Odéon fait beaucoup parler de lui, depuis quelques semaines. Le
grand événement du jour, ce sont les débuts de Mlle Olga de Villeneuve,
dont les apparitions successives dans *Andromaque* et *Hermione* ont
produit une si profonde sensation. Mlle de Villeneuve, que nous avons
revue depuis dans le rôle d'Émilie de *Cinna,* a dépassé, dans cette
création si importante et si difficile, les prévisions de ses admirateurs
eux-mêmes. Le caractère d'Émilie, interprété par la jeune et déjà célèbre tragédienne, est bien tel que Corneille l'a conçu. C'est bien cette
fière Romaine chez qui les austères inspirations du patriotisme dominent
les élans du cœur.

Dans le rôle d'Émilie, Mlle de Villeneuve a eu un immense succès.
Son splendide costume, qu'elle porte d'une façon ravissante, a émer-
veillé le public.

Avec un dévouement qui l'honore, Mlle Olga de Villeneuve a pris
une part active et brillante à la représentation qui vient d'avoir lieu au
profit de la petite-fille de Racine. Elle a joué le rôle d'Hermione. C'est
assez dire qu'elle a été l'objet d'une véritable ovation.

Nous sommes heureux d'avoir, un des premiers, constaté l'apparition
de cette nouvelle étoile, que tous les organes importants de la presse
saluent aujourd'hui de leurs chaleureuses acclamations.

Emmanuel V.

. . . .

Tout en accueillant les productions des jeunes auteurs qui ont du talent et de l'avenir, l'Odéon reste fidèle aux traditions et au culte des
grands maîtres. Mais il a compris que, pour soutenir et faire goûter les
chefs-d'œuvre, il faut des interprètes d'une intelligence distinguée et
mûrie par de sérieuses études. Pénétrée de cette conviction, la direction
vient de s'attacher une artiste dont les débuts à la salle lyrique ont eu
du retentissement, Mlle Olga de Villeneuve, qui a été l'objet d'une appréciation particulière dans un de nos derniers numéros.

Mlle de Villeneuve a choisi, pour ses débuts à l'Odéon, deux ouvrages consacrés par l'admiration du monde lettré, *Andromaque* et *Mithridate*. Elle a abordé successivement les rôles d'Hermione et de Monime. L'épreuve était difficile, elle en est sortie avec honneur.

Oui, c'est bien Hermione qu'elle nous a rendue ; ce sont bien les emportements, le délire, les illusions, la tendresse d'une amante délaissée. Oui, c'est bien Monime qu'elle a fait revivre devant nous, par le prestige de l'accent, de la physionomie et du geste, et si Racine revenait au monde, il la saluerait comme une de ses interprètes les mieux inspirées.

Mlle Olga de Villeneuve possède au plus haut degré le sentiment du beau, l'expression dramatique ; sa beauté imposante, qui parfois se colore de doux rayons, se prête merveilleusement aux grands rôles de la tragédie. Nous reparlerons de cette artiste, l'une des conquêtes les plus précieuses que l'Odéon ait faites depuis longtemps.

L'Odéon mérite des éloges pour l'intelligence et le soin consciencieux avec lesquels il fait revivre les œuvres des grands maîtres. De temps en temps il met la main sur des sujets précieux. Tout récemment il s'est attaché une jeune artiste d'un talent très-remarquable, qui pourrait bien renouveler les triomphes de Rachel. Mlle Olga de Villeneuve a toutes les qualités qui constituent les reines de la tragédie : la profondeur de l'intelligence, l'énergie et la délicatesse du sentiment, la sûreté d'une diction pénétrante et qui se prête à toutes les nuances de la passion, le feu du regard, la noblesse du geste, et cette physionomie éminemment aristocratique qui tout d'abord commande l'admiration.

Deux ouvrages de Racine, *Andromaque* et *Mithridate*, ont servi de début à Mlle Olga de Villeneuve. Elle a interprété le rôle d'Hermione et celui de Monime en artiste consommée. Après cette épreuve, on peut affirmer hardiment que sa véritable place est à la Comédie-Française, qui, tôt ou tard, s'emparera de ce brillant joyau.

En dehors de son talent exceptionnel, Mlle de Villeneuve se recommande par un mérite qui fait souvent défaut à des artistes distingués. Ses costumes sont d'une prestigieuse magnificence, d'une richesse inouïe et d'une exactitude parfaite ; elle les porte d'une façon admirable, et ils ont toujours un immense succès.

De mesquines jalousies et de misérables intrigues ont essayé d'arrêter la jeune artiste dès son début. Mais elle a une volonté forte. Tous les obstacles disparaîtront.   Ch. VILLAGRE.

. . . .

Si l'Odéon n'est pas heureux au point de vue des nouveautés que, depuis quelque temps, il offre à son public, il possède en revanche un élément de succès irrésistible, un de ces joyaux qui passionnent la foule, qui peuplent les salles vides, les remplissent comme par magie, et font circuler l'enthousiasme. Nous voulons parler de Mlle Olga de Villeneuve, dont les brillants débuts, poursuivis au milieu des acclamations les plus chaleureuses, sont sans contredit un des grands événements artistiques de ce temps-ci.

Depuis la mort de Rachel, la muse tragique ne donnait plus aucun signe de vie; son acte de décès avait été dressé par ses admirateurs eux-mêmes, et si quelqu'un s'était permis d'élever quelques doutes sur l'exactitude de cette déclaration, on l'aurait certainement traité d'esprit faux, paradoxal, chimérique. Il était convenu que la tragédie était morte, bien morte : un miracle comme celui de Lazare pouvait seul la ressusciter, et vous savez que dans notre siècle positif on croit peu aux miracles. Mais il s'est rencontré une jeune femme au cœur vaillant, qui n'a point reculé devant l'impossible. Avec cette foi qui triomphe de toutes les difficultés, elle s'est approchée de la morte, elle a collé contre ses lèvres glacées deux lèvres de feu ; de son souffle puissant elle a ranimé le cadavre : la tragédie est debout. Hermione, Monime, Émilie, ont reparu sous les traits de Mlle Olga de Villeneuve. Les voilà, ces nobles et fières héroïnes de Corneille et de Racine. Jamais elles n'avaient parlé un plus magnifique langage ; jamais costume plus vif, plus éblouissant, plus scrupuleusement historique, n'avait mis en relief leurs physionomies si accentuées, si expressives.

La tragédie est une grande dame ; elle ne se contente pas de vulgaires émotions. Dans l'expression de ses douleurs et même de ses emportements, elle veut de la noblesse, de la distinction, des formes aristocratiques. Mlle Olga de Villeneuve remplit merveilleusement ces conditions.

Héritière d'un grand nom, elle possède à un degré supérieur cette beauté idéale qu'on rencontre surtout dans les sphères élevées.

Les critiques les plus éminents, Th. Gautier, Paul de Saint-Victor, Jules Janin, ont été d'accord pour proclamer le beau talent et les succès de Mlle de Villeneuve. Sa place est à la Comédie-Française, qui, nous en avons la certitude, ne tardera pas à lui ouvrir ses portes à deux battants.   E. DE SAINTE-VALLIÈRE.

RÉSUMÉ

Après avoir parcouru d'aussi nombreux, unanimes et imposants témoignages, que doit-on en conclure? — Qu'il n'y a pas à craindre de voir péricliter l'art tragique, mais à espérer que, cette prochaine saison théâtrale, les portes du Théâtre-Français, que la société d'élite s'impatiente de voir fermées à la tragédie, s'ouvriront au talent profond de Mlle OLGA DE VILLENEUVE, qui a surpris, ému, passionné l'auditoire de l'Odéon, dans Hermione, à une occasion doublement solennelle : l'anniversaire de Racine, et au bénéfice d'une de ses descendantes.

FIN.